COLLECTION

D'ANTIQUITÉS GRECQUES

RECUEILLIES

DANS LA GRANDE-GRÈCE, L'ATTIQUE ET L'ASIE-MINEURE

PAR M. EUG. P.

Décrite

Par FR. LENORMANT

DONT LA VENTE AURA LIEU

HOTEL DROUOT, SALLE N° 3

Les Mardi 3 et Mercredi 4 Mai 1870

A DEUX HEURES.

Par le Ministère de Me CHARLES PILLET, Commissaire-Priseur,
10, rue de la Grange-Batelière;

Assisté de MM. ROLLIN et FEUARDENT, Experts, rue Vivienne, 12.
Chez lesquels se distribue le présent Catalogue.

EXPOSITIONS { *PARTICULIÈRE* : le *Dimanche* 1er Mai 1870
PUBLIQUE : le *Lundi* 2 Mai 1870

DE UNE HEURE A CINQ HEURES.

ORDRE DES VACATIONS.

Le Mardi 3, les Vases, Nos 1 à 130.

Le Mercredi 4, les Bronzes, les Terres cuites et Objets divers, Nos 131 à 263.

CONDITIONS DE LA VENTE.

Elle sera faite au comptant.

Les adjudicataires payeront *cinq pour cent* en sus des enchères.

La collection dont nous donnons aujourd'hui la catalogue au public, et que bientôt disperseront les enchères, est peu nombreuse, mais remarquable au plus haut degré par le choix et la conservation des pièces qui la composent. Elle a été formée par un amateur distingué M. Eug. P., l'un des hommes qui chez nous ont le plus fin sentiment de l'art, et la connaissance pratique des monuments anciens la plus sûre et la plus exercée. Aussi serait-il difficile de rencontrer un choix d'œuvres antiques fait avec autant de goût et de discernement. La collection ne renferme pas une seule pièce douteuse, ni même une seule pièce banale et vulgaire. Toutes se recommandent à l'attention du public, des amateurs et des savants par un grand mérite d'art, par un état de fraîcheur tout à fait exceptionnel, et le plus souvent aussi par un très-sérieux intérêt archéologique.

Parmi les vases peints on rencontrera un grand nombre

de sujets rares et curieux pour la science, en même temps qu'on admirera l'élégance des formes et la finesse des peintures. Il y a là quelques délicieuses amphores de Nola, de beaux vases de Vulci, et les vases de la Basilicate eux-mêmes, moins séduisants d'ordinaire pour les amateurs et moins intéressants pour les érudits, se font remarquer dans cette collection par le jet libre, heureux et animé de leurs compositions. Quant au groupe des lécythus à fond blanc provenant d'Athènes, il est tout entier exquis et rien n'est plus rare que de trouver dans un pareil état de conservation ces délicates peintures, qui s'évanouissent et s'effacent le plus souvent comme les couleurs de l'aile du papillon.

Une suite unique jusqu'à présent, et que M. Eug. P. a rassemblée avec un soin tout particulier, est celle des vases à reliefs dont la couverte noire a des reflets métalliques. Ces produits d'une industrie céramique presque inconnue jusqu'à ce jour, ont été fabriqués à Capoue même ou dans ses environs immédiats. On a commencé à en faire dans la période gréco-samnite et continué dans les premiers siècles de la domination romaine, au temps des préteurs de Capoue. Les différentes époques de la fabrication se distinguent à la nature du vernis autant qu'au style des reliefs. Dans les plus anciens échantillons la couverte est franchement argentée; sous les Romains elle change d'aspect; les pocula de la fabrique du potier Cæso Atilius ont leur vernis plutôt mordoré, comme on le voit dans les n°s 128-130, parmi lesquels le n° 130 se recommande par la signature de l'artiste tracée en lettres latines; ces poteries ont une grande ressemblance avec celles dont la fabrique paraît avoir été dans les environs de Modène ; le vernis des pocula de Canoleius de Calés se rapproche, au contraire, des tons verts de bronze. Entre les fonds de pocule sortis de ces ateliers de Capoue, le n° 129 est un des monuments les plus importants qui se soient jamais présentés pour l'histoire de nos ancêtres gaulois.

La statuette d'un *éphèbe faisant une libation* (n° 138), qui provient de l'Asie-Mineure, est un des plus beaux bronzes grecs connus du siècle de Périclès; dans ses petites dimensions elle a une grandeur incomparable, une perfection de formes et une majesté de style qui rappellent Phidias. Il est intéressant d'y comparer le point de départ de l'art attique dans la statuette archaïque de *Déméter* (n° 131), qui fournit un échantillon de l'école d'Endœus et des premiers sculpteurs d'Athènes, infiniment précieux pour l'histoire de l'art. L'*acteur jouant le rôle de Plutus* (n° 139), qui a été découvert dans la Grande Grèce, est aussi un bronze hors ligne, aussi important par la beauté du travail que par l'originalité du sujet. Au reste, pour signaler toutes les pièces remarquables de cette section des bronzes, il faudrait en recommencer le catalogue.

Quant à la section des terres cuites, elle s'ouvre par un monument unique et appelé à produire une véritable sensation parmi tous ceux qui s'occupent des œuvres de la plastique grecque, le casque de Tarente (n° 170). Le musée du Louvre possède un casque funéraire de la même forme et de la même matière, provenant aussi de l'Italie méridionale;

mais il est sans reliefs, tandis que les sujets qui décorent celui de M. Eug. P. en font une pièce sans rivale dans les collections publiques et privées. Le style de ces sujets rappelle les célèbres bronzes de Siris au Musée Britannique et aussi le grand vase de Cumes, qui, après avoir fait la gloire du Musée Campana, a été transporté à Saint-Pétersbourg.

Les statuettes, les têtes et les masques de terre-cuite forment une réunion exquise, où tous les morceaux sont vierges et où presque tous ont gardé leur coloration antique. Beaucoup viennent de la Grèce. C'est la première fois qu'on aura vu dans une vente figurer des échantillons aussi bien caractérisés des fabriques d'Athènes, de la Béotie et de l'Arcadie, peu connues encore, surtout les deux dernières, de nos amateurs occidentaux, qui pourront ici acquérir les connaissances fondamentales de leur distinction. Signalons aussi les délicieux fragments de terres-cuites de Sardes, dont on n'avait vu jusqu'à présent aucun exemplaire et qui ouvrent une série nouvelle, admirable comme art, dans la plastique en argile des Grecs.

DÉSIGNATION

DES OBJETS

VASES

Vases peints.

1 — Milo. — Style asiatique à peintures brunes sur fond jaune. Calpis de forme ronde, avec autour du col trois bustes de femme détachés formant anse, circonstance presque unique dans les vases de ce style et de cette époque.

Autour de la panse, zone d'animaux et d'êtres fantastiques, lions, sphinx ailés à tête de femme, sirènes en forme d'oiseaux à têtes de femmes, les unes à ailes fermées, les autres à ailes ouvertes; champ semé de rosaces.

Entre les anses, trois tableaux, chacun représentant une sirène en oiseau, les ailes ouvertes.

Hauteur, 17 1/2 cent.

2 — Corinthe. — Deux petits aryballus décorés d'un grand fleuron peint en brun sur fond jaune.

Hauteur, 7 et 6 1/2 cent.

3 — Corinthe. — Sorte de cotylé à une anse horizontale et bord replié en dedans, avec son couvercle. Ornements en zigzag peints de couleur brune sur fond jaune, principalement au couvercle.

Hauteur, 7 cent.

4 — Corinthe. — Pyxis ronde avec son couvercle, décorée de bandes horizontales et d'un méandre, peints en rouge sur fond jaune.

Hauteur, 5 cent.

5 — Corinthe. — Petit vase rond sans anses, avec son couvercle. Bandes brunes sur fond jaune.

Hauteur, 6 cent.

6 — Corinthe. — Phiale ronde archaïque. Bande brune sur fond jaune, revêtu d'une couche de couleur uniforme.

Hauteur, 6 cent.

7 — Vulci. — Amphore tyrrhénienne munie de son couvercle. Figures rouges.

Zone supérieure, autour du col : *Gigantomachie*. *Athéné*, casquée, couverte de l'égide, vêtue d'une tunique talaire et d'un péplus, va percer de sa lance *Encelade* renversé à ses pieds, sous la figure d'un hoplite, dont le bouclier a pour épisème un hoplite armé de toutes pièces. *Posidon*, barbu et couronné de myrte, avec la tunique succincte et une chlamyde jetée sur les épaules, armé du trident et soulevant le rocher détaché de l'île de Cos, terrasse

Ephialtès, représenté comme un hoplite complétement armé.

Revers : *Thésée* domptant le *taureau de Marathon*. Le héros est imberbe et entièrement nu; il appuie le genou sur le col du taureau déjà courbé à terre, et saisit d'une main la queue de l'animal, tandis que de l'autre il tire à lui le lacet qu'il a attaché à un des pieds de devant. Trois personnages assistent à cette scène : *Athéné*, la tête nue, portant d'une main son casque et de l'autre sa lance; derrière elle, le *Démos d'Athènes*, sous la figure d'un éphèbe, vêtu d'une tunique talaire et d'un manteau, assis sur un cube, tenant un sceptre d'une main et étendant l'autre en signe d'admiration; de l'autre côté, *Egée* debout, barbu, vêtu d'une longue tunique et d'un manteau, et appuyé sur un bâton.

Zone inférieure : Combat des *Centaures* et des *Lapithes*. Armés de troncs d'arbres et de fragments de rochers, les Centaures barbus, aux oreilles de cheval, à la figure bestiale, ont un type de tête pareil à celui des Satyres; quelques-uns ont le front chauve. Les Lapithes sont armés de toutes pièces à la grecque. Dans l'un des groupes on voit *Cénée* à mi-corps, que deux Centaures écrasent avec un rocher et un tronc d'arbre.

De riches palmettes aux anses, plusieurs zones variées séparant les deux registres, complètent l'ornementation de ce vase aussi remarquable par ses dimensions que par la richesse des représentations qu'il porte. Il a été réparé, mais les peintures n'ont subi aucune altération moderne.

Hauteur, 65 cent.

Noël des Vergers, *l'Etrurie et les Etrusques*, pl. XXXII-XXXVI.

8 — Nola. — Hydrie à figures rouges.

La naissance d'*Athéné*. *Zeus*, vêtu d'une tunique talaire et d'un large manteau, tenant le sceptre et de la main droite une phiale, le front ceint d'une couronne de laurier, est assis sur un trône royal. De son front s'élance la déesse de l'Acropole, tenant une longue lance et l'égide sur l'épaule gauche. *Héphæstus* jeune, imberbe, vêtu d'une tunique d'ouvrier toute constellée et tenant la bipenne avec laquelle il vient de fendre le front de son père, se retourne avec un geste stupéfait à ce spectacle. De chaque côté de la composition, les deux *Heures* de la religion attique, *Thallo* et *Carpo*, sont debout, vêtues de longues tuniques et d'amples péplus, dans une attitude d'admiration. Après celle qui se tient derrière Zeus, on voit *Nicé*, munie de grandes ailes et vêtue d'une tunique avec ampéchonium, dont le geste exprime le même sentiment que celui des autres figures.

Hauteur, 36 cent.

9 — Basilicate. — Canthare à figures rouges rehaussées de blanc.

Athéné, coiffée d'un casque à aigrette, avec la lance et le bouclier argien, est montée dans un bige.

Revers : *Méléagre* nu et *Atalante*, armés d'épieux, assis en face l'un de l'autre sur des rochers.

Hauteur, 15 cent.

10 — Agrigente. — Kélébé à figures rouges.

Zeus nu, barbu, une chlamyde jetée sur les épaules, saisit *Ganymède* nu, tenant le trochos. *Eros* vole auprès du maître des dieux, portant une œnochoé et une phiale. A gauche de la composition se tient *Hermès* barbu, coiffé du pétase, avec une grande chlamyde et portant le caducée. A droite, *Nicé*, sans ailes, avec une tunique talaire et un grand péplus, tend une couronne à Zeus.

Revers : *Eraste* barbu, enveloppé dans un manteau et appuyé sur un bâton, ayant en face de lui son *éromène* imberbe, enveloppé d'un manteau et qui tient une lyre. Derrière, autre *éphèbe* drapé, avec un bâton.

Hauteur, 39 cent.

11 — Basilicate. — Lécythus à figures rouges.

Athéné et *Artémis* debout en face l'une de l'autre. Athéné est vêtue d'une longue tunique avec le péplus rejeté sur les épaules; elle tient la lance et est coiffée d'un casque à aigrette et à ailes. Artémis tient l'arc et la flèche et a le carquois pendu à son côté; ses cheveux sont ceints d'une stéphané radiée; elle est vêtue d'une tunique talaire avec ampéchonium.

Palmettes sous l'anse.

Hauteur, 21 cent.

12 — Canosa. — Olpé de formé trapue, à anse nouée. Figures rouges rehaussées de blanc.

Nicé ailée, vêtue d'une longue tunique, est montée dans un quadrige dont elle retient les chevaux.

Palmettes sous l'anse. Rosaces autour du col.

Hauteur, 20 cent.

13 — Basilicate. — Stamnus à deux petites anses. Figures rouges avec quelques rehauts de blanc.

Actéon nu, la chlamyde jetée sur l'épaule gauche, le front armé de cornes naissantes, est assis, dans une attitude de tristesse, auprès d'un laurier; il caresse son chien, qui lève la tête vers lui. En face d'Actéon, *Artémis*, vêtue d'une courte tunique et les pieds chaussés de bottines, se tient debout, appuyée sur une stèle; elle étend la main vers le héros. En arrière de celui-ci, *Pan* assis, le front cornu, tenant la syrinx et une grande branche de laurier, retourne la tête pour contempler cette scène; devant lui se dresse un cep de vigne. Dans le champ sont des bandelettes et un tympanum près de Pan. A un registre inférieur est une *Nymphe* debout, le pied posé sur un rocher, vêtue d'une tunique talaire, qui semble contempler, en faisant un geste d'admiration, des plantes d'asphodèle qui poussent du sol. Derrière elle est un rejet de laurier.

Revers : *Dionysus* jeune, assis à droite sur son manteau, la tête ceinte d'un diadème, les cheveux longs sur les épaules. Il porte sur sa main droite une scaphé remplie de fruits et le thyrse s'appuie sur son épaule droite. Devant lui se tient un *Satyre* jeune, nu, à queue de cheval, tenant un flambeau allumé et une situla. Derrière le dieu, *Ariadne* debout, vêtue d'une tunique talaire, tenant un miroir et une grappe de raisin. Dans le champ, deux fleurs vues en projection et une grappe de raisin; au bas de la composition, un cep de vigne et une plante d'acanthe.

Hauteur, 33 cent.

Minervini, *Monumenti inediti di Raffaele Barone*, pl. XIX.

14 — Nola. — Péliké à figures rouges du style le plus élégant.

Déméter, le front ceint d'une stéphané radiée, vêtue d'une tunique talaire et enveloppée dans un grand péplus, est debout dans un char traîné par quatre chevaux, dont elle tient les rênes. *Métanire*, vêtue d'une tunique talaire, lui présente les deux flambeaux allumés avec lesquels elle va partir à la recherche de sa fille.

Revers : *Triptolème*, enveloppé d'un manteau et diadémé, se tient sur le quadrige, qui le portera dans son voyage pour répandre chez les hommes le bienfait de l'agriculture. *Coré*, debout auprès de lui, tient une œnochoé et la phiale dans laquelle elle s'apprête à lui verser la boisson mystique du *cycéon*.

Sous les anses : D'un côté, *Dionysus* barbu, les cheveux épars sur les épaules et ceints d'un diadème, vêtu d'une tunique talaire et d'un grand manteau, est assis sur un siége à dossier, que recouvre une peau de panthère. Il a dans une main le canthare et dans l'autre le thyrse, avec de grandes branches de vigne. De l'autre côté, *Hercule*, vêtu de la peau de lion étroitement serrée autour de sa taille et nouée sous son menton, est assis sur un rocher ; il tient de la main droite un scyphus et s'appuie de la gauche sur sa massue.

Hauteur, 39 cent.

15 — Athènes. — Petite œnochoé à peinture rouge provenant d'un tombeau d'enfant. Embouchure tréflée.

Iacchus enfant, vêtu d'une longue tunique constellée et couronné de lierre, jouant à terre et étendant la main pour prendre sur un escabeau une œnochoé, de la forme de celle qui porte ce sujet.

Hauteur, 6 cent.

16 — Basilicate. — Péliké à figures rouges rehaussées de blanc.

Composition à deux registres. *Aphrodite*, richement vêtue d'un péplus formant tunique et ampéchonium, est assise à droite sur un siége finement orné. De la main gauche elle s'appuie sur son siége, de la droite elle relève le voile qui tombe derrière sa tête; sur ses genoux est un coffret. Elle retourne la tête vers *Adonis* lauré, debout, les jambes enveloppées d'une draperie, appuyé sur un bâton dont l'extrémité repose sous son aisselle; il présente à la déesse une pyxis entr'ouverte, et de la main gauche fait le geste de lui parler. Derrière ce personnage est *Artémis,* assise et retournant la tête, ayant sa biche couchée auprès d'elle ; elle est vêtue d'une tunique et d'un péplus, et tient au-dessus de sa tête une ombrelle (σκιάδιον). Dans le champ à côté d'elle est suspendue une couronne. En avant d'Aphrodite, *Pitho* est debout, adossée à un grand labrum, au-dessus duquel l'*Eros hermaphrodite* vole vers la déesse principale, en tenant un alabastron et une scaphé. Au registre supérieur on voit les trois *Charites* assises, vêtues de longues tuniques, celle du centre voilée. L'une tient de la main gauche un alabastron et joue de la droite avec une sphæra ; l'autre tire une riche bandelette d'un coffret qu'elle a sur ses genoux ; la troisième porte un miroir.

Revers. — Composition à deux registres. *Femme* vêtue d'une longue tunique, assise sur un rocher ; elle porte sur sa main droite une large scaphé remplie de fruits, tandis que la gauche repose sur le rocher. Un *éphèbe,* le front ceint de feuillage, est debout devant elle, la chlamyde jetée sur le bras droit, la main gauche appuyée sur un bâton ; il lui présente une grande couronne de laurier. Derrière la femme assise est *une autre femme* debout, vêtue d'une longue tunique, tenant un miroir et une grande branche de laurier. Dans le champ, trois bandelettes. Au registre supérieur est *une femme* assise à terre, soutenant de la main droite une scaphé et laissant pendre derrière elle la gauche, qui tient une grappe de raisin. Vers elle vole l'*Eros hermaphrodite*, qui de la main droite lui présente deux rameaux de feuillage, et de la gauche tient une bandelette. Dans le champ, une fleur épanouie vue de face et une bandelette.

Hauteur, 54 cent.

17 — Basilicate. — Scyphus à figures rouges rehaussées de blanc.

Aphrodite debout, vêtue d'une tunique avec ampéchonium, qu'elle relève sur son épaule gauche; elle tient de la main droite un collier et a les cheveux retenus par une opithosphendoné. Auprès d'elle est *Adonis* debout, nu, la chlamyde enroulée autour du bras gauche et s'appuyant sur un épieu. *Nicé* de petite proportion, vêtue d'une longue tunique, vole vers lui et lui présente un diadème.

Revers. Deux *éphèbes* drapés, en face l'un de l'autre.

Palmettes sous les anses.

Hauteur, 16 1/2 cent.

18 — Athènes. — Aryballus à peinture blanche et rouge, avec quelques points en relief destinés à être originairement dorés.

Buste d'*Aphrodite* faisant de la main droite le geste nuptial; devant est *Eros* debout, de plus petite taille, qui présente à la déesse une colombe et un flambeau allumé.

Oves autour du col.

Hauteur, 11 1/2 cent.

19 — Basilicate. — Lécythus à figures rouges rehaussées de blanc.

Aphrodite vêtue d'une tunique talaire, debout, s'appuie sur un sceptre et tient un tympanum. Auprès d'elle est l'*Eros hermaphrodite* nu, debout, ayant entre les mains un tympanum et une couronne.

Palmettes sous l'anse. Oves autour du col.

Hauteur, 23 1/2 cent.

20 — Basilicate. — Olpé de forme trapue à anse nouée, avec son couvercle. Figures rouges rehaussées de blanc.

Aphrodite et *Pitho*, vêtues de tuniques talaires, sont assises en face l'une de l'autre sur des rochers. Aphrodite tient un flabellum et une férule d'où pend une bandelette, Pitho un flambellum, et de l'autre main une ciste et une couronne. Entre elles deux vole *Eros hermaphrodite*, portant d'une main une scaphé pleine de fruits et une couronne, de l'autre un coffret suspendu à un anneau.

Guirlande de lierre autour du col. Palmettes sous l'anse.

Hauteur, 22 cent.

21 — Basilicate. — Œnochoé de forme surbaissée à fond plat. Figures rouges rehaussées de blanc.

Aphrodite assise à terre, vêtue d'une tunique talaire, le front ceint d'une stéphané radiée, tenant un miroir et une couronne. Auprès d'elle est l'*Eros hermaphrodite* agenouillé, tenant un miroir.

Palmettes près de l'anse. Guirlande de pampres peinte en blanc autour de la base.

Hauteur, 21 cent.

22 — Basilicate. — Support de lampe à figures rouges rehaussées de blanc.

Tête d'*Aphrodite*, le front ceint d'une stéphané radiée. Au-dessous, *Eros hermaphrodite* volant; il tient d'une main une scaphé, de l'autre une férule fleurie et le rhombos.

Hauteur, 33 cent.

23 — Nola. — Amphore dite lancelle, à figures rouges.

Eros nu, couronné de myrte, volant et tenant deux branches terminées par une fleur qui doit être le *pothos*. Auprès de lui, un thymiatérium.

Revers. *Ephèbe* enveloppé d'un manteau, tenant un lièvre par les oreilles.

Hauteur, 31 cent.

24 — Athènes. — Lécythus à figures rouges.

Eros tenant un coffret et une bandelette vole vers une *femme*, vêtue d'une tunique avec ampéchonium, tenant un miroir, qui semble fuir et retourne la tête. De l'autre côté est une *femme* debout; devant elle un escabeau.

Hauteur, 14 1/2 cent.

25 — Basilicate. — Stamnus apulien muni de son couvercle; figures rouges rehaussées de blanc.

L'*Eros hermaphrodite* debout devant un labrum, recevant sur ses mains l'eau qui coule d'une bouche de fontaine.

Revers. *Femme* vêtue d'une tunique talaire, debout, le pied sur un rocher, tenant une grande scaphé remplie de fruits et une couronne d'où pend une bandelette.

Palmettes sous les anses.

Hauteur, 25 cent.

26 — Basilicate. — Lécythus à figures rouges rehaussées de blanc.

Eros hermaphrodite, nu et chaussé, assis sur un rocher, tenant une scaphé pleine de fruits et un rameau de feuillages.

Palmettes sous l'anse. Oves autour du col.

Hauteur, 24 cent.

27 — Basilicate. — Alabastron à figures rouges rehaussées de blanc.

Eros hermaphrodite debout, nu, tenant une couronne à

laquelle est attachée une bandelette et une scaphé remplie de fruits, d'où pend une bandelette.

Grande palmette au revers. Oves autour du col.

Hauteur, 19 cent.

28 — Basilicate. — Lécythus sans anse, à figures rouges rehaussées de blanc.

Eros hermaphrodite assis sur un cube, tenant un calathus plat et une couronne.

Palmette au revers. Oves autour du col.

Hauteur, 16 cent.

29 — Basilicate. — Œnochoé de forme surbaissée à fond plat. Figures rouges rehaussées de blanc.

Eros hermaphrodite volant.

Palmettes près de l'anse. Guirlande d'olivier peinte en blanc autour de la base.

Hauteur, 19 cent.

30 — Basilicate. — Sorte de pyxis ronde à couvercle, avec deux anses et un pied. Peintures rouges rehaussées de blanc.

Sur le couvercle, *Eros hermaphrodite* tenant une scaphé et une couronne; *femme* vêtue d'une tunique talaire et drapée dans son péplus, assise sur un rocher, soutenant une scaphé sur sa main droite. Deux grandes palmettes séparent ces figures.

Hauteur, 10 cent.

31 — Basilicate. — Situla à figures rouges rehaussées de blanc.

Dionysus nu, diadémé, est assis sur sa chlamyde. Il porte une scaphé de la main droite et tient le thyrse de la gauche, avec des branches de feuillage. Devant lui est un jeune *Satyre* nu, à pieds et oreilles de chèvre, diadémé, qui lui présente un canthare et une situla. Derrière le dieu, *Ariadne* debout, vêtue d'une longue tunique, le front ceint d'une stéphané, tenant le tympanum et une palme, s'appuie sur une stèle. Au-dessus vole l'*Eros hermaphrodite* portant une ciste et un flabellum. *Aphrodite*, vêtue d'une tunique talaire et tenant le miroir de la main gauche, est assise au-dessus du Satyre et tend de la main droite une couronne à Dionysus.

Revers. Un *Bacchant* nu et diadémé, la chlamyde jetée sur l'épaule gauche, tenant une situla et le thyrse, poursuit une *Ménade* vêtue d'une longue tunique, portant le thyrse et une grande scaphé remplie de fruits. Au-dessus de ces personnages vole l'*Eros hermaphrodite*, avec une ciste et une bandelette étendue.

Hauteur, 32 cent.

32 — Nola. Amphore dite lancelle, à figures rouges.

Dionysus barbu, couronné de lierre, vêtu de la tunique succincte, chaussé de cothurnes, debout, retournant la tête; il tient d'une main son thyrse horizontalement et porte dans l'autre un serpent. Devant lui, un *Satyre* nu, barbu, à queue et à oreilles de cheval, joue de la double flûte.

Revers. Deux *Satyres* nus, à queues et à oreilles de cheval, attaquent deux *Ménades*, vêtues de tuniques talaires avec ampéchonium et tenant le thyrse.

Hauteur, 34 cent.

33 — Basilicate. — Œnochoé de forme surbaissée à fond plat.

Dionysus jeune, nu, tenant le thyrse, est assis à terre sur son manteau; en face de lui un *Satyre* jeune, nu, à queue et oreilles de cheval, est assis sur un cube, tenant une scaphé remplie de fruits.

Palmettes près de l'anse. Guirlande d'olivier autour de la base.

Hauteur, 15 1/2 cent.

34 — Nola. — Amphore dite lancelle, à figures rouges.

Satyre chauve, à queue de cheval, nu, couronné de myrte et jouant de la lyre. Devant lui, une inscription en deux lignes : +ADMIΔES KAΛOS, « le beau Charmidès. »

Revers. *Satyre* chauve et nu, à oreilles de cheval, le front ceint d'une bandelette de couleur violette, tenant le sac de peau tachetée (θύλαξ) où est enfermée une double flûte. A côté, l'inscription KAΛOS.

Hauteur, 35 cent.

35 — Nola. — Cylix profonde, sans pied, à figures rouges.

Intérieur sans sujet. A l'extérieur, de chaque côté, *Satyre* barbu et chauve, ithyphallique, à queue et oreilles de cheval, poursuivant une *Ménade*, vêtue d'une tunique talaire et d'un péplus, qui tient le thyrse. De chaque côté, entre les deux figures, l'inscription : HO ΓAIS KALOS.

Diamètre, 24 cent.

36 — Basilicate. — Œnochoé à embouchure tréflée. Anse décorée de masques féminins à ses deux extrémités. Figures rouges rehaussées de blanc.

Femme vêtue d'une tunique talaire, le front ceint d'une stéphané radiée, assise sur un siége à dossier; elle tend une grande phiale à godrons, dans laquelle une autre *femme* debout, le pied posé sur un rocher, verse le contenu d'une oenochoé. De l'autre côté est un éphèbe debout, nu, le front ceint d'une bandelette, la chlamyde enroulée autour du bras gauche et tenant une *irésioné*. Dans le champ, des bandelettes. Palmettes sous l'anse.

Hauteur, 34 cent.

37 — Basilicate. — Œnochoé à embouchure tréflée. Anse décorée de masques de satyres peints en blanc à ses deux extrémités. Figures rouges rehaussées de blanc.

Femme assise à gauche sur un rocher et tenant un flabellum. Elle retourne la tête vers l'*Eros hermaphrodite* debout derrière elle, tenant une ciste ronde et une grappe de raisin. Auprès de lui, à terre, un grand calathus.

Palmettes sous l'anse.

Hauteur, 28 cent.

38 — Basilicate. — Œnochoé à embouchure tréflée. Anse décorée de masques féminins à ses deux extrémités. Figures rouges rehaussées de blanc.

Femme vêtue d'une tunique talaire, assise sur un rocher, tenant d'une main une ciste ronde et une feuille de colocase, de l'autre un flabellum. L'*Eros hermaphrodite* est debout devant elle, nu, tenant un miroir et une grappe de raisin, une chlamyde jetée sur le bras gauche.

Palmettes sous l'anse.

Hauteur, 30 cent.

39 — Basilicate. — Œnochoé à embouchure tréflée. Anse décorée de masques féminins à ses deux extrémités. Figures rouges avec quelques rehauts de blanc.

Éphèbe nu et diadémé, assis sur un rocher sur lequel est étendue sa chlamyde; il porte une grande s·aphé. Une femme vêtue d'une tunique talaire, debout devant lui, lui présente un canthare et tient un miroir.

Palmettes sous l'anse.

Hauteur, 31 1/2 cent.

40 — Vulci. — Amphore dite lancelle à anses cordées. Figures rouges. Style de Nola.

Combat d'*Hercule* contre l'Amazone *Hippolyte*.

D'un côté, le héros thébain, nu, barbu, l'épée suspendue au flanc, étend en avant sa peau de lion en guise de bouclier et lève sa massue. Sur une sorte de plinthe où reposent ses pieds, l'inscription : ΔΟDEI : ΣΜΙLΟΙ : ΙΝΑΙ. « *Il le donne pour être à Smilus.* »

Au revers, la reine des Amazones, vêtue d'un costume asiatique richement brodé, avec des anaxyrides et les pieds nus, le carquois pendu au côté, la tête couverte d'une mitra pointue à fanons, se prépare à lancer une flèche contre Hercule. Cette figure est d'une élégance exquise et dans la pose la plus heureuse.

Le col du vase est orné de palmettes.

Hauteur, 30 cent.

41 — Athènes. — Lécythus à figures noires rehaussées de pourpre, sur fond blanc.

Thésée terrassant la *laie de Crommyon* : de chaque côté s'enfuit une *femme* vêtue d'une tunique talaire et d'un péplus ; celle de gauche se retourne avec un geste d'admiration. Dans le champ, pampres auxquels est suspendu le vêtement du héros athénien.

Hauteur, 16 cent.

42 — Athènes. — Lécythus à figures noires.

Thésée, le glaive au côté, nu, la chlamyde flottant derrière les épaules, monte dans un quadrige dont les chevaux sont retenus par un *aurige* à pied. Auprès du char est *Athéné* debout, vêtue d'une tunique talaire et du péplus, tenant deux lances. Devant les chevaux, *Égée* enveloppé d'un manteau, tenant le sceptre, est assis sur un ocladias.

Hauteur, 18 cent.

43 — Canosa. — Olpé de forme trapue, à anse nouée. Figures rouges rehaussées de blanc.

Héros grec nu, la chlamyde sur l'épaule gauche, tenant une lance et monté sur un cheval blanc, ayant en face de lui une *Amazone* en courte tunique, avec des anaxyrides quadrillées et sur la tête une riche mitra; elle est armée d'un glaive de la forme appelée *acinacès* et d'une pelta décorée d'un masque de Gorgone.

Palmettes sous l'anse, rosaces autour du col.

Hauteur, 21 1/2 cent.

44 — Canosa. — Canthare à anses ornées à leurs deux extrémités de masques féminins peints en blanc. Figures rouges rehaussées de blanc.

Amazone debout dans un bige. Elle est coiffée d'une riche mitra, vêtue d'une longue tunique, avec une peau de panthère jetée sur les épaules. Sa pelta est décorée d'une tête de Gorgone. Devant elle vole une colombe portant une bandelette. On pourrait l'appeler *Sémiramis*.

Revers. *Eros hermaphrodite* assis sur une draperie, tenant de la main gauche une couronne, et soutenant de la droite une grande scaphé remplie de fruits, sur laquelle est posé un cygne. Devant lui, un calathus.

Hauteur, 36 cent.

45 — Canosa. — Canthare à figures rouges rehaussées de blanc. Anses décorées aux deux extrémités de masques féminins.

Amazone nue, à cheval, chaussée de brodequins, une étroite draperie flottant derrière les épaules.

Revers. *Aphrodite* assise sur un rocher, la tête surmontée d'un modius orné, vêtue d'une tunique talaire et d'un péplus, tenant une couronne et une grande ciste. Auprès d'elle est *Pitho* debout, vêtue d'une tunique talaire, tenant une couronne d'une main et une bandelette de l'autre.

Hauteur, 23 1/2 cent.

46 — Canosa. — Canthare à anses décorées aux deux extrémités de masques féminins peints en blanc.

Éphèbe nu, avec une peau de panthère jetée sur les épaules, les cheveux relevées à l'asiatique et retenus par une opisthosphendonè (*Cimmérien?*); il est monté dans un bige que traînent des chevaux blancs.

Revers. *Eros hermaphrodite* assis, tenant une cassette ouverte où sont divers objets et sous laquelle pend une situla, son autre main laisse pendre un rhombos au bout de sa corde.

Hauteur, 36 cent.

Ce vase est le pendant antique du n° 44.

47 — Basilicate. — Alabastron à figures rouges rehaussées de blanc.

Cyrène, vêtue d'une tunique talaire, est portée sur un cygne volant au-dessus d'une plante fleurie, dont les enroulements viennent envelopper la composition.

Revers : *Femme* vêtue d'une tunique talaire, marchant et tenant une courenne et un miroir.

Hauteur, 21 cent.

48 — Nola. — Amphore dite lancelle à anses cordées. Figures rouges.

Bellérophon, tenant une lance et coiffé d'un casque plat, se cache le visage avec son manteau en entendant les propositions de *Sthénobœa*, qui se tient devant lui, vêtue d'une tunique talaire et d'un péplus. En arrière, un *éphèbe* debout et drapé, appuyé sur un bâton.

Revers : *Bellérophon*, armé de la lance et d'un grand bouclier rond, tenant son casque à la main, la chlamyde jetée sur le bras gauche, se présente devant *Iobatès*. Le roi de Lycie tient un long sceptre surmonté d'une fleur; il est vêtu d'une longue tunique et d'un ample manteau; ses cheveux longs sont rattachés par derrière, à la mode asiatique. Derrière le prince est sa fille *Philonoé*, vêtue d'une tunique talaire et d'un ampéchonium, tenant une phiale et une œnochoé. Derrière Bellérophon, un *eunuque* chauve, enveloppé d'un manteau et s'appuyant sur un bâton en béquille.

Guirlande de lierre autour du col.

Hauteur, 54 cent.

Catalogue Durand, nº 47.

49 — Basilicate. — Grande amphore à rotules. Figures rehaussées de blanc.

Face antérieure : Edicule supporté par deux colonnes ioniques, sous lequel est un des *Dioscures*, debout, la chlamyde jetée sur les épaules, s'appuyant de la main gauche sur sa lance et tenant de la droite la bride de son cheval. De chaque côté de l'édicule, un *éphèbe*; celui de droite est debout, nu, la chlamyde enroulée autour du bras gauche, et tient de la main droite une bandelette; celui de gauche a les cheveux ceints d'une bandelette et la chlamyde sur l'épaule gauche; son pied pose sur un rocher; il élève de la main droite un miroir et tient de la gauche une sphæra. Au-dessus des éphèbes sont *deux femmes*, vêtues de longues tuniques; celle de droite est assise sur un escabeau et tient à la main un alabastron; celle de gauche, assise à terre vers la gauche, retourne la tête du côté de l'édicule ; elle tient un flabellum, et dans le champ, auprès d'elle, est un alabastron.

Face postérieure : Stèle funéraire portée sur un stylobate, ceinte d'une bandelette noire et surmontée d'une grande scaphé. A droite est *une femme* s'avançant dans une pose un peu inclinée, qui tient de la main droite un flabellum et de la gauche une grappe de raisin ; au-dessus, un *éphèbe* nu, assis sur sa chlamyde vers la droite, retourne la tête du côté de la stèle ; sa main droite soutient une scaphé, sa gauche porte une couronne. A gauche, *éphèbe* nu, debout, présentant une scaphé de sa main droite, tandis que la gauche s'appuie sur un sceptre ; sa chlamyde est jetée sur le bras droit ; au-dessus, *une femme* assise, vêtue d'une longue robe, tenant une ciste et un alabastron.

Sur le col : A la face antérieure, tête d'*Aphrodite*, le front ceint d'une stéphané radiée, portée sur une fleur, au milieu d'enroulements de fleurs et de feuillages qui paraissent imités de la plante de la *vallisneria spiralis ;* à la face postérieure, palmettes.

Les anses sont terminées par en bas en têtes de cygne, et décorées en haut de masques en relief d'*Io*, le front armé de deux cornes de vache.

Hauteur, 83 cent.

50 — Agrigente. — Kélébé à figures rouges.

Achille debout, nu, appuyé sur deux lances, une épée suspendue au côté, la chlamyde jetée sur le bras gauche, prend congé de *Déidamie*, vêtue d'une tunique talaire et d'un ampéchonium constellés, tenant une œnochoé et une phiale. Derrière Déidamie se tient *Lycomède* debout, lauré, avec une longue tunique et un ample manteau royal, tenant un sceptre à la main. Derrière Achille,

Phœnix, chauve et barbu, est enveloppé d'un manteau et porte un bâton en forme de béquille.

Revers : Trois *éphèbes* drapés, dont deux appuyés sur des bâtons.

Hauteur, 38 1/2 cent.

51 — Vulci. — Péliké à figures rouges.

L'*Aurore* ailée, vêtue d'une tunique talaire et d'un péplus, les cheveux retenus par une opisthosphendoné, enlève dans ses bras le cadavre de son fils *Memnon*, percé de plusieurs blessures.

Revers : Une jeune femme, vêtue d'une longue tunique et les cheveux retenus par l'opisthosphendoné, présente une hydrie à un homme barbu, debout devant elle, les cheveux ceints d'une couronne de feuillage, enveloppé d'un grand manteau et appuyé sur un bâton noueux.

Hauteur, 34 cent.

52 — Nola. — Amphore dite lancelle, à figures rouges.

Pygmée barbu combattant une grue. Il est armé d'une massue et se couvre d'une peau de lion, comme Hercule.

Revers : *Ephèbe* couronné de myrte et enveloppé d'un manteau, marchant, la main droite étendue.

Hauteur, 31 cent.

53 — Athènes. — Lécythus à fond blanc ; figures au trait rouge.

Scène de conclamation funèbre. La *morte* est étendue sur le lit, enveloppée d'un linceul brodé. Derrière sont deux *femmes* debout, pleurant et s'arrachant les cheveux, une d'elles tient un grand calathus de forme plate, d'où pendent des bandelettes.

Palmettes autour du col.

Hauteur, 25 cent.

54 — Athènes. — Lécythus à fond blanc; figures au trait rouge.

Ephèbe debout, la chlamyde jetée sur les épaules, appuyé sur une lance et coiffé d'un casque conique entièrement peint en rouge, en face d'une *jeune fille* nue, portant les offrandes funèbres dans un calathus plat, bordé de myrte et d'où pendent des bandelettes.

Palmettes autour du col.

Hauteur, 24 cent.

55 — Athènes. — Lécythus à fond blanc; figures au trait rouge.

Stèle funéraire couronnée d'une riche palmette et de grandes feuilles d'acanthe. Auprès de cette stèle, d'un côté, une *femme* debout, vêtue d'une tunique talaire et d'un péplus, portant un large calathus de forme basse, qui contient des offrandes, et de l'autre main un coffret; de l'autre côté, un *éphèbe* debout, portant deux lances, avec une grande chlamyde sur les épaules.

Palmettes autour du col.

Hauteur, 31 cent.

56 — Athènes. — Lécythus à fond blanc; figures au trait rouge.

Stèle funéraire surmontée d'un fronton et ceinte de bandelettes. D'un côté, une *femme* debout, vêtue d'une tunique talaire et d'un péplus, apportant une plémochoé et un grand calathus plat d'où pendent des bandelettes; de l'autre côté, un *éphèbe* enveloppé d'un manteau.

Palmettes autour du col.

Hauteur, 25 cent.

57 — Athènes. — Lécythus à fond blanc; figures au trait rouge.

Stèle funéraire surmontée d'un fronton et ceinte de bandelettes; elle est élevée sur trois marches et placée en avant d'une sorte de grande méta ovoïde, autour de laquelle est attachée une bandelette. D'un côté, un *éphèbe* debout, enveloppé d'un manteau entièrement peint en rouge, apporte une plémochoé; de l'autre, une *petite fille* nue, tenant une bandelette rouge.

Palmettes autour du col.

Hauteur, 28 cent.

58 — Athènes. — Lécythus à fond blanc; figures au trait rouge, avec peintures pleines de diverses couleurs.

Stèle funéraire couronnée d'une élégante palmette et ceinte de bandelettes, au pied de laquelle poussent des feuillages verts. A gauche est une *jeune femme* apportant des offrandes; ses cheveux sont retenus par une opisthosphendoné; son péplus entièrement peint en rouge. A droite, un éphèbe debout, enveloppé dans un manteau peint en vert.

Palmettes autour du col.

Hauteur, 25 cent.

59 — Athènes. — Lécythus à fond blanc; figures au trait rouge.

Stèle funéraire surmontée d'une palmette et d'acrotères. A gauche est assise une *femme* vêtue d'une tunique et d'un péplus, qui fait les offrandes. A droite, un *homme* barbu se tient debout, enveloppé d'un manteau.

Palmettes autour du col.

Hauteur, 37 cent.

60 — Nola. — Amphore dite lancelle, à anses cordées; figures rouges.

Guerrier nu, la chlamyde jetée sur les bras, armé d'une

lance, d'un casque à géniastère et d'un bouclier argien, avec un serpent pour épisème. Il présente une phiale de sa main droite à une *jeune femme* debout devant lui, vêtue d'une tunique talaire et d'un grand péplus, le front ceint d'une stéphané radiée, qui tient une œnochoé des deux mains et se prépare à lui verser à boire.

Revers : Personnage barbu et drapé, appuyé sur un bâton noueux.

Hauteur, 31 cent.

Catalogue Canino, n° 186; Beugnot, n° 64.

61 — Nola. — Petite hydrie à peintures rouges.

Femme vêtue d'une tunique talaire et d'un ample péplus debout, tenant un coffret; à ses pieds est un calathus.

Hauteur, 15 cent.

62 — Nola. — Lécythus à peintures rouges.

Sur le col, *femme* debout, vêtue d'une tunique talaire et d'un grand péplus, tenant un miroir; derrière elle est un siége à dossier recouvert d'un coussin, sous lequel est un calathus.

Hauteur, 31 cent.

63 — Nola. — Cylix sans pied, à figures rouges.

Intérieur : Deux *femmes* vêtues de tuniques talaires et de péplus, l'une assise, l'autre debout devant elle et lui parlant.

Extérieur : De chaque côté, deux *hommes*, l'un barbu, l'autre imberbe, le front ceint d'une bandelette, le bas du corps enveloppé d'un manteau, couchés sur un lit de repos; le plus âgé tient une cylix.

Diamètre, 22 cent.

64 — Athènes. — Lécythus à fond blanc ; dessins au trait noir.

Femme vêtue d'une tunique talaire et d'un péplus, assise sur un siége à dossier, tenant une couronne ; devant elle est un calathus d'où sortent deux fuseaux ; au-dessus de sa tête, un serpent.

Hauteur, 14 1/2 cent.

65 — Athènes. — Petite œnoché à embouchure tréflée, provenant d'un tombeau d'enfant ; peinture rouge.

Enfant nu, jouant avec un petit chariot ; une chlamyde est jetée sur son épaule gauche ; derrière lui, un ocladias recouvert d'un coussin.

Hauteur, 9 cent.

66 — Agrigente. — Kélébé à figures rouges.

Ephèbe enveloppé d'un manteau et appuyé sur un bâton ; il offre une bourse à une *courtisane* vêtue d'une tunique talaire d'étoffe transparente et d'un péplus, qu'elle soulève de la main droite ; ses cheveux sont enveloppés d'un cécryphale ; dans le champ, auprès d'elle, est un miroir. De chaque côté du groupe est un *éphèbe* drapé, s'appuyant sur un bâton en béquille ; celui de gauche tient dans sa main droite un objet rond.

Revers : Trois *éphèbes* debout, enveloppés de manteaux, dont deux ont des bâtons noueux.

Hauteur, 39 1/2 cent.

67 — Agrigente. — Kélébé à figures rouges.

Quatre figures en deux groupes, *érastes* et *éromènes*. Dans le groupe de droite l'éraste est imberbe et, appuyé sur un bâton, présente un lièvre à son éromène ; dans celui de gauche il est barbu et tend à l'éromène un fruit de forme globulaire, en élevant la main gauche comme en parlant. Toutes ces figures sont enveloppées de manteaux. Dans le champ, entre les deux groupes, est suspendu un strigile.

Revers. Trois *éphèbes* debout et diversement drapés dans leurs manteaux, deux sont appuyés sur des bâtons en béquille; celui de droite fait le geste d'un homme qui adresse la parole.

Hauteur, 39 cent.

68 — Agrigente. — Kélébé à figures rouges.

Musicienne vêtue d'une tunique talaire et d'un péplus, debout jouant de la double flûte, entre deux *éphèbes* au front ceint de bandelettes, tenant des bâtons noueux; celu de droite a une chlamyde sur les épaules et élève une cylix de sa main gauche; celui de gauche est entièrement nu, la chlamyde jetée sur son bras gauche; il porte sur l'épaule une amphore.

Revers. Trois *éphèbes* debout, enveloppés de manteaux qui laissent le bras droit libre; celui du centre s'appuie sur un bâton noueux et adresse la parole à celui de droite; celui qui est à gauche tient une amphore et un scyphus; auprès de lui un bâton noueux.

Hauteur, 39 cent.

69 — Grande Grèce. — Petit aryballus à peinture rouge. Colombe les ailes ouvertes.

Hauteur, 8 cent.

70 — Basilicate. — Deux petits plats ronds à peintures rouges rehaussées de blanc. Chacun est décoré de trois poissons différents, représentés avec une grande vérité zoologique.

Diamètre, 16 cent.

71 — Fabrique de Gnathia. — Scyphus décoré à la partie antérieure de pampres peints en blanc et en pourpre, sous lesquels court un lièvre peint en jaune et en blanc.

Hauteur, 15 cent.

72 — Fabrique de Gnathia. — Oenochoé décorée de feuilles d'olivier et d'ornements peints en blanc et en pourpre.

Hauteur, 20 cent.

73 — Fabrique de Gnathia. — Sorte de cernos composé de quatre petits vases à couvercle réunis avec une anse au centre. Peintures en blanc et en jaune.

Buste de *femme* et cygne au milieu d'enroulements végétaux; chaque figure deux fois répétée.

Hauteur, 11 cent.

74 — Fabrique de Gnathia. — Quatre petits aryballus, dont trois sans anse. Ornements quadrillés peints en blanc sur la panse. Ornements en blanc, jaune et pourpre sur le col.

75 — Basilicate. — Canthare sans pied, décoré d'un damier rouge et noir rehaussé de blanc, et d'une guirlande d'olivier peinte en blanc.

Hauteur, 11 1/2 cent.

76 — Canosa. — Vase de forme trochoïde à couvercle, décoré de palmettes noires rehaussées de blanc sur fond jaune, et d'une zone d'oves peintes en blanc et jaune sur fond noir.

Hauteur, 15 cent.

77 — Canosa. — Deux aryballus décorées d'ornements quadrillés avec une feuille de chêne au centre de chacun d'eux, peints en noir et blanc sur fond rouge.

78 — Fabrique de Gnathia. — Scyphus à côtes et à anses nouées. Quelques légers ornements peints en blanc et en jaune; guirlande de lierre autour du bord. Conservation particulièrement fraîche.

Hauteur, 12 1/2 cent.

79 — Fabrique de Gnathia. — Aryballus à panse côtelée, à embouchure très-large et à anse nouée. Guirlande de lierre peinte en jaune et en blanc sur le col.

Hauteur, 15 cent.

80 — Fabrique de Gnathia. — Alabastron à côtes et à fond plat. Près du col, légère guirlande de feuillage et de fleurs peinte en blanc et jaune.

Hauteur, 17 1/2 cent.

Rhytons et formes singulières.

81 — Nola. — Rhyton en tête de bélier, vernis rouge rehaussé de noir et de pourpre. Sur le col, peinture rouge à fond noir. *Femme* vêtue d'une tunique talaire et enveloppée dans son péplus, marchant vers un *éphèbe* debout, appuyé sur un *bâton*, le bas du corps drapé dans un manteau: derrière la femme, autre *éphèbe* debout, le bas du corps drapé.

Longueur, 19 cent.

82 — Basilicate. — Rhyton en tête de griffon; vernis noir. Sur le col, peinture rouge rehaussée de blanc. *Amazone* assise, armée de la lance et de la pelta; elle porte une tunique courte, serrée à la taille, des anaxyrides brodées, et sur la tête la mitra phrygienne. Palmettes des deux côtés.

Longueur, 21 cent.

83 — Basilicate. — Rhyton en tête de panthère ; vernis noir. Sur le col, *buste de femme;* peinture rouge rehaussée de blanc.

Longueur, 12 1/2 cent.

84 — Basilicate. — Rhyton en tête de sanglier; vernis noir. Sur le col, peinture rouge rehaussée de blanc. *Nicé* ailée, vêtue d'une tunique talaire, assise sur un rocher; elle tient une scaphé avec une feuille de colocase d'une main, et de l'autre une oenochoé.

Longueur, 21 cent.

85 — Basilicate. — Rhyton en tête de sanglier; vernis rouge intense. Sur le col, peinture d'un rouge plus clair. *Femme* assise sur un rocher, tenant une scaphé pleine de fruits et une grappe de raisin.

Longueur, 20 cent.

86 — Basilicate. — Rhyton en tête de bélier, sans vernis. Sur le col, palmette peinte en rouge sur fond noir.

Longueur, 15 1/2 cent.

87 — Basilicate. — Rhyton en tête de daim à cornes naissantes; vernis noir. Sur le col, peinture rouge. *Homme* barbu, vêtu d'une tunique succincte, chaussé de brodequins, se baissant pour ramasser à terre un bouclier.

Sous la tête, près de la naissance de l'anse, est estampée à quatre reprises une grappe de raisin en relief, qui semble être une marque de potier.

Longueur, 21 cent.

88 — Basilicate. — Rhyton en tête de chèvre à cornes naissantes; vernis noir. Sur le col, peinture rouge rehaussée de blanc. *Femme* assise sur un rocher, vêtue d'une tunique talaire, tenant un calathus rond et plat et un miroir.

Longueur, 22 cent.

89 — Grande Grèce. — Rhyton de terre cuite en tête de lévrier.

Longueur, 20 cent.

90 — Grande Grèce. — Rhyton de terre cuite en tête de chien loup.

Longueur, 18 cent.

91 — Grande Grèce. — Rhyton de terre cuite en tête de sanglier.

Longueur, 20 cent.

92 — Grande Grèce. — Rhyton de terre cuite en tête de bœuf.

Longueur, 19 cent.

93 — Basilicate. — Vase en forme de Sphinx ailé accroupi, à tête et seins de femme. Sur le col, peinture rouge à fond noir. Femme assise tenant une scaphé; elle est vêtue d'une tunique talaire.

Hauteur, 29 cent.

94 — Basilicate. — Vase en forme de tête d'*Hercule* jeune, coiffé de la peau de lion. Sur le col, peinture rouge rehaussée de blanc, à fond noir. *Satyre* imberbe, à queue de cheval, assis sur un rocher, tenant une grande fleur de la famille des liliacées et une couronne.

Hauteur, 17 cent.

95 — Grande Grèce. — Vase en forme de double tête de femme.

Hauteur, 17 cent.

96 — Grande Grèce. — Oenochoé en forme de tête de femme ceinte d'une couronne d'olivier peinte en blanc. Embouchure tréflée.

Hauteur, 19 cent.

97 — Grande Grèce. — Oenochoé en forme de tête de femme ceinte d'une couronne de myrte peinte en blanc. Embouchure tréflée.

Hauteur, 16 1/2 cent.

98 — Tarente. — Vase de terre cuite en forme de tête de guerrier, coiffée d'un casque à grands géniastères rabattus sur les joues.

Hauteur, 11 cent.

99 — Corinthe. — Petit vase de style archaïque, représentant un personnage accroupi et coiffé à l'égyptienne, qui tient un lièvre sur son épaule droite. La figure est couverte d'ornements quadrillés peints en brun.

Hauteur, 7 cent.

100 — Grande Grèce. — Vase à anse en forme de *Silène* ventru et chauve, nu, chaussé de bottes, accroupi à terre et pressant amoureusement une outre contre sa poitrine.

Hauteur, 10 cent.

101 — Grande Grèce. — Vase à anse en forme de *Silène*, couché et appuyé sur une outre. Son front est ceint d'une large bandelette; il a des bottes et est vêtu du syrmos comique à longs poils, ouvert sur son ventre et sa poitrine.

Hauteur, 9 1/2 cent.

102 — Athènes. — Vase de terre cuite en forme de *Sirène* ou oiseau à tête de femme. Style ancien. Traces de peinture rouge.

Hauteur, 9 1/2 cent.

103 — Grande Grèce. — Petit vase à anse et à vernis noir brillant, en forme de porc accroupi.

Hauteur, 10 cent.

104 — Basilicate. — Petit vase à anse en forme de canard; peinture rouge rehaussée de blanc sur fond noir.

Hauteur, 6 1/2 cent.

105 — Tarente. — Lanterne de terre cuite percée de nombreux trous, avec anse pour la suspendre. Elle est en forme de *Minautore* accroupi, muni d'un énorme phallus, avec un collier pendant sur la poitrine et auquel est attaché un grand croissant.

Hauteur, 21 cent.

106 — Scyphus de terre cuite à anse plate, décorée d'une guirlande en relief de pampres et de raisins, d'une extrême élégance, que des bandelettes rattachent sous les anses. Ce vase de terre cuite est manifestement le modèle d'un vase d'argent.

Hauteur, 12 cent.

107 — Tarente. — Vase de terre cuite noire en forme de coupe hémisphérique reposant sur trois masques bachiques. Guirlande de pampres, feuillages et fleurs en relief.

Diamètre, 15 cent.

108 — Tarente. — Coupe hémisphérique en terre cuite noire, couverte d'imbrications en relief et reposant sur trois masques bachiques.

Diamètre, 10 cent.

Vases à vernis noir sans peintures.

109 — Nola. — Trois amphores dites lancelles.

110 — Nola. — Hydrie.

Hauteur, 18 cent.

111 — Nola. — Olpé à anse double.

Hauteur, 16 cent.

112 — Nola. — Amphore à fond plat et à petites anses.

Hauteur, 17 cent.

113 — Nola. — Pyxis ronde à couvercle, munie de deux anses horizontales.

114 — Grande Grèce. — Oenochoé côtelée, à embouchure trèflée; anse terminée en bas par un masque de femme.

Hauteur, 19 cent.

115 — Grande Grèce. — Situla imitant un vase de bronze, avec une palmette de grande richesse de chaque côté, au point d'attache des anses, descendant sur la panse.

Hauteur, 24 cent.

Vases à reliefs avec un vernis noir à reflets d'argent.

116 — Capoue. — Magnifique canthare à anses cannelées, nouées et terminées au sommet par des fleurs. Autour est une guirlande de pampres et de raisins en relief, du plus beau style.

Hauteur, 30 cent.

117 — Capoue. — Vase en forme de cliné, sur laquelle est étendue *Ariadne* endormie, tenant une couronne. Petite anse restaurée. Morceau d'une grâce extrême.

Hauteur, 9 cent.

118 — Capoue. — Guttus décoré d'un relief représentant *Hercule*, coiffé de la peau de lion, qui saisit par les cornes *la biche Cérynite* et la terrasse.

Hauteur, 14 cent.

119 — Capoue. — Guttus décoré d'un médaillon en relief. Tête d'*Athéné* de profil, coiffée d'un riche casque en forme de bonnet phrygien.

Hauteur, 9 cent.

120 — Capoue. — Guttus décoré d'un médaillon en relief. Tête d'*Athéné* de face, coiffée d'un casque à triple aigrette.

Hauteur, 10 cent.

121 — Capoue. — Guttus décoré de l'empreinte en relief d'un médaillon d'argent de Syracuse. Tête d'*Aréthuse* de trois-quarts.

Hauteur, 8 cent.

122 — Capoue. — Guttus décoré d'un médaillon en relief représentant la tête d'*Hercule* jeune, coiffée de la peau de lion.

Hauteur, 10 cent.

123 — Capoue. — Guttus sans col, à embouchure en forme de muffle de lion.

Hauteur, 7 cent.

124 — Capoue. — Cylix ayant au fond l'empreinte en relief d'un tétradrachme de Syracuse; tête d'*Aréthuse* entourée de dauphins. Autour de ce médaillon des ornements imprimés.

Diamètre, 12 cent.

125 — Capoue. — Poculum ayant au fond des ornements imprimés; petit masque de femme entouré de palmettes et d'entrelacs.

Diamètre, 17 cent.

126 — Capoue. — Poculum ayant au fond des ornements imprimés; mascaron entouré de palmettes.

Diamètre, 12 cent.

127 — Capoue. — Médaillon en relief provenant d'un guttus. *Eros* enfant, monté sur un lion, qu'il frappe d'une baguette.

128 — Capoue. — Douze médaillons en relief provenant de fonds de pocula. Sujets divers :

Apollon debout, appuyé sur l'épaule d'une *Muse* assise qui joue de la lyre.

Vénus debout, le haut du corps nu, ayant auprès d'elle un autel; un *Amour* enfantin vole en lui apportant une ombrelle ; un autre est monté sur un cygne.

Vénus assise, le haut du corps nu; un *Amour* enfantin lui présente une cythare.

Vénus assise, le haut du corps nu; deux *Amours* enfantins soutiennent sur ses genoux une grande corne d'abondance.

Vénus assise, le haut du corps nu, auprès d'un cippe que surmonte une figure de *Priape ;* devant elle, un *Amour* enfantin lutte avec un *Faunisque.*

Bacchus jeune, debout, tenant le thyrse, appuyé sur une panthère cornue.

Buste de *Calliope,* l'air inspiré, jouant de la cythare.

Deux *Amours* enfantins s'embrassant.

Centaure tirant de l'arc.

Femme nue, accroupie sur un lit et attirant un homme à elle.

Empreinte de pierre gravée; *Hercule* tenant le canthare et la corne d'abondance; devant lui un autel et sa massue.

Masque hideux de *Gorgone.*

Ce lot pourra être divisé.

129 — Capoue. — Médaillon en relief provenant du fond d'un poculum.

Guerrier gaulois dans le temple de Delphes; il est en attitude de combat; le type de sa tête, avec la barbe luxuriante et de grandes moustaches, est celui que les artistes anciens ont toujours donné à nos ancêtres; à ses pieds est une tête coupée et un bouclier de la forme particulière aux Gaulois. Devant lui, le trépied d'Apollon posé sur une base ronde entourée de festons qu'il saisit de la main droite; derrière, un thymiaterium.

130 — Capoue. — Médaillon en relief fragmenté, provenant du fond d'un poculum. Femme nue se suspendant au col d'un homme également nu. A côté, l'inscription en relief : K. ATIVIO.

Ce fragment est d'un très-grand intérêt pour l'histoire paléographique de l'alphabet latin. Voyez sur un autre fond de poculum, portant la signature du même artiste de Capoue, Cæso Atilius, les articles de MM. Detlefsen et Mommsen, *Archæologische Zeitung*, 1863, p. 13*-15* et p. 71*-79*

BRONZES

131 — Statuette du style de la plus vieille école attique de sculpture, représentant *Déméter Eleusinienne* debout, vêtue d'une longue robe, les cheveux ceints d'une couronne, tenant d'une main la grenade et de l'autre un flambeau. Trouvée à Athènes. Monument d'une grande importance pour l'histoire de l'art.

Hauteur, 11 cent.

132 — Statuette d'*Arès* combattant; il a la cuirasse, les cnémides et un casque à aigrette dont les géniastères sont abaissés. Ancien style.

Hauteur, 9 1/2 cent.

133 — Statuette de la *Fortune Panthée*, vêtue d'une tunique talaire et d'un grand péplus, avec la coiffure d'Isis, portant la corne d'abondance pleine de fruits sur le bras gauche et appuyant la main droite sur un gouvernail.

Hauteur, 8 cent.

134 — Statuette d'*Hercule* enfant, debout, la peau de lion sur la tête, tenant la massue levée et une corne d'abondance.

Hauteur, 10 cent.

135 — Figure d'applique provenant de l'anse d'un vase. *Nicé* diadémée, avec de grandes ailes ouvertes ; elle est vêtue d'une tunique avec ampéchonium et marche en relevant sa tunique. Très-beau style ancien. Provenant d'Athènes.

Hauteur, 12 1/2 cent.

136 — Statuette d'un *Amour* enfantin, nu, assis, tenant une sphæra ; sur sa base antique carrée.

Hauteur, 6 cent.

137 — Statuette d'un *Satyre* barbu, à jambes courtes et difformes, à cornes de chèvre, portant une amphore sur son épaule gauche et tenant une bourse de la main droite. Cette figurine, d'un travail très-fin, formait le manche d'un instrument de fer.

Hauteur, 4 1/2 cent.

138 — Statuette d'un *éphèbe* debout, nu, avec une simple chlamyde jetée sur les épaules et retombant devant sur les bras, les cheveux relevés par un strophium ; la main droite, étendue en avant, tenait une patère. Cette admirable statuette, du style grec le plus grandiose du siècle de Périclès, a été trouvée en Asie-Mineure.

Hauteur, 12 cent.

139 — Magnifique statuette d'un *personnage comique* à tête entièrement chauve, étroitement drapé dans un manteau court; c'est sans doute *Plutus*, et la composition de cette figure est tout à fait analogue à celle du bronze d'Amiens où l'on a reconnu le même sujet.

Hauteur, 13 cent.

140 — Statuette d'un *Pygmée* difforme et nu dans une attitude de combat.

Hauteur, 6 cent.

141 — Statuette d'un *esclave nubien* accroupi, nu, sauf une courte draperie autour des reins. Au-dessus de la tête, traces d'un anneau de suspension. Provenant de la Grande Grèce.

Hauteur, 14 cent.

142 — Tête de *Junon*, le front ceint de la stéphané. Très-beau travail étrusque.

Hauteur, 8 cent.

143 — Buste d'*Isis* drapée, portée sur un phénix de face, les ailes éployées; très-haute coiffure composée du croissant lunaire entre deux serpents uræus ayant le col gonflé; au-dessus, le disque solaire entre deux cornes de vache; le tout est couronné par trois grands épis. Vient de l'île de Rhodes.

Hauteur, 13 cent.

144 — Buste de *Silène* à face socratique, chauve, barbu, couronné de lierre, la chlamyde attachée sur l'épaule droite, l'épaule gauche nue. Très-beau travail grec de l'époque macédonienne. Ce buste, formant applique en haut-relief, a été trouvé en Asie-Mineure.

Hauteur, 9 cent.

145 — Tête d'*Auguste* laurée, de profil. Morceau d'applique.

Hauteur, 8 1/2 cent.

146 — Panthère accroupie, levant la patte droite. Les mouchetures de la robe de l'animal sont ciselées. Elle accompagnait originairement une statue de Bacchus.

Hauteur, 29 cent.

147 — Rat grignotant un fruit.

Hauteur, 2 cent.

148 — Bouc couché. Bronze archaïque provenant d'Athènes.

Hauteur, 6 cent.

149 — Miroir étrusque. Sujet gravé. Les deux *Dioscures* debout en face l'un de l'autre, coiffés de casques plats, la

chlamyde jetée derrière les épaules, appuyés sur leurs lances.

Hauteur, 26 cent.

150 — Grand phallus votif, avec anneau de suspension en bronze. Objet de dimensions inusitées.

151 — Lame à inscription gravée provenant d'Athènes. Tessère du tribunal des Héliastes.

Δ ΑΝΤΙΦΩΝ
ΑΛΑΙΕΥΣ

« N° 4. Antiphon du dème d'Halæ. »

A. Dumont, *Bulletin de l'Ecole d'Athènes*, 1re année, *Anecdota græca*.

152 — Stamnus à anses cannelées se terminant à leurs deux extrémités par deux mains.

Hauteur, 36 cent.

153 — Situla à anse centrale double. Un tore de feuillages sous la moulure du haut. Aux deux points d'attaches de l'anse, grande palmette très-riche et fortement champlevée, descendant sur la panse. Provient d'Asie-Mineure.

Hauteur, 24 cent.

154 — Belle lampe à poignée.

155 — Coupe en forme de sein de femme, provenant de Corfou.

Diamètre, 13 1/2 cent.

156 — Anse de vase sur laquelle court un rinceau de feuillage. Au sommet, buste à mi-corps de la *Vénus du Liban*, dans l'attitude de tristesse qui lui est caractéristique ; au

bas; *Génie funèbre* sous les traits d'un enfant ailé, nu, tenant des pavots et appuyé sur un flambeau renversé.

Hauteur, 16 1/2 cent.

157 — Masque comique de *Satyre* barbu, avec des pampres tombant des deux côtés du visage, provenant d'une anse de vase. Magnifique travail.

Hauteur, 10 cent.

158 — Très-beau masque de *Méduse* avec des ailes au front et des serpents sous le menton; provenant d'une anse de vase.

Hauteur, 6 cent.

159 — Oreille de vase. Sur le dessus, *Satyre* jeune et nu, à oreilles de cheval, couché sur une peau de bœuf fraîchement écorché. Sur le côté de chacune des extrémités, une tête de bélier.

Hauteur du sujet, 8 cent.

160 — Anse de vase décorée d'un muffle de lion.

161 — Manche de patère cannelé, terminé par une tête de bélier.

Longueur, 14 cent.

162 — Embouchure de vase en forme de muffle de lion.

163 — Masque de *Satyre* comique; applique d'un vase.

164 — Fibule en arc, dorée. Sur chacun des côtés de l'arc est incrusté en lettres d'argent un des deux mots: VTERE FELIX. « Sers-t'en heureusement. »

165 — Fibule à plaque en losange incrustée d'émaux de diverses couleurs formant rosace avec un ombilic au centre.

166 — Doigtier d'arc, décoré d'une tête de molosse.

167 — Trois fers de lance, dont l'un d'une grande longueur.

168 — Deux haches.

169 — Fer d'instrument de charpentier (?) à douille carrée, décorée d'ornements quadrillés. Zones de points en creux entourés d'un cercle sur deux des côtés de la douille et sur les plats du taillant. Provient de l'Italie méridionale.

TERRES CUITES

170 — Tarente. — Casque de forme conique, surmonté d'un support de cimier. Ce modèle d'un casque de bronze, pièce tout à fait extraordinaire et d'une beauté sans analogues, est décoré de reliefs du style le plus grandiose, qui rappellent les célèbres bronzes de Siris au Musée Britannique. Sur le devant, *Minerve* marchant, armée d'un glaive et d'un grand bouclier, coiffée d'un casque à aigrette et vêtue d'une tunique talaire flottante, entre deux masques de *Satyres*, l'un couronné de lierre, l'autre de lauriers. Sur la face postérieure, même figure de *Minerve*. Aux deux côtés sont des attaches d'aigrettes. Sous celle de gauche, *Thésée* nu, terrassant une *Amazone* ; sous celle de droite *Hercule* nu, renversant *Cacus*.

Hauteur, 29 cent.

Figurines.

171 — Athènes. — *Déméter* coiffée du polos d'où tombe un voile, vêtue d'une tunique talaire avec ampéchonium à plis fins, assise sur un trône à dossier, les deux mains sur ses genoux. Peinture blanche.

Hauteur, 6 cent.

172 — Tégée. — Fragment. *Déméter* debout, portant sur son épaule *Coré*, représentée comme une petite fille d'une dizaine d'années, vêtue d'une tunique d'étoffe à plis fins et d'un péplus.

Hauteur, 18 cent.

173 — Béotie. — *Coré* jeune, vêtue d'une tunique avec ampéchonium d'une étoffe épaisse à grands plis tombants, assise sur un trone à dossier. Traces de couleur sur le vêtement et sur le siége ; les cheveux en rouge.

Hauteur, 20 cent.

174 — Egine. — *Coré-Auxésia* debout, coiffée du polos, vêtue d'une tunique et d'un péplus disposés à la manière archaïque, la main gauche soulevant le bas de sa tunique, la droite ramenée sur la poitrine et tenant une grenade. Figurine plate par derrière.

Hauteur, 15 cent.

175 — Egine. — *Coré-Auxésia*, représentée de la même manière.

Hauteur, 16 cent.

176 — Athènes. — *Coré-Elpis* debout, coiffée du polos, vêtue d'une tunique talaire et d'un péplus formant ampéchonium, la main droite ramenée sur la poitrine et tenant une fleur, la gauche plus basse et tenant la grenade. Traces de couleur. Figurine plate par derrière.

Hauteur, 11 cent.

177 — Athènes. — *Coré* debout, la tête nue, vêtue d'un ample péplus formant tunique et ampéchonium, la main droite ramenée sur la poitrine, la gauche relevant le bas de son vêtement. Peinture blanche.

Hauteur, 24 cent.

178 — Corinthe. — *Coré* assise, enveloppée d'un grand voile, tenant dans ses bras le petit *Iacchus*. Traces de peinture.

Hauteur, 10 cent.

179 — Grande Grèce. — *Iacchus* enfant, nu, couché sur le porc consacré à Déméter.

Hauteur, 10 cent.

180 — Le Pirée. — *Iacchus* enfant, debout, nu, avec une draperie jetée derrière les épaules, le front ceint d'une couronne, tenant une œnochoé et une pomme, entouré de branches de lierre. Petite œnochoé à embouchure tréflée avec traces de peinture.

Hauteur, 10 cent.

181 — Grande Grèce. — *Iacchus* adolescent debout, appuyé sur un cippe, une longue chlamyde derrière les épaules; il est coiffé comme le sont d'ordinaire les figures d'Eros. Peinture en grande partie conservée.

Hauteur, 13 cent.

182 — Egine. — *Artémis* debout, coiffée du polos, vêtue d'une longue tunique talaire et d'un péplus à plis nombreux et droits, portant un faon de biche sur son bras droit et tenant l'arc de la main gauche. Figurine plate par derrière. Traces de peinture blanche.

Hauteur, 14 cent.

183 — Béotie. — *Aphrodite* debout, coiffée du polos surmonté d'un appendice qui le fait ressembler à la partie supérieure du schent égyptien, vêtue d'un grand péplus formant tunique et ampéchonium, les deux bras pendants. Traces nombreuses de peinture.

Hauteur, 30 cent.

184 — Béotie. — *Aphrodite* représentée de même.

Hauteur, 29 cent.

185 — Béotie. — *Aphrodite* debout, coiffée d'un très-large polos, vêtue d'une tunique et d'un ampéchonium, portant des deux mains une bandelette étendue. Peinture très-remarquablement conservée.

Hauteur, 34 cent.

185 *bis*. — Grande-Grèce. — *Aphrodite* assise, vêtue d'une tunique talaire d'étoffe fine et enveloppée d'un ample péplus, le front orné d'une stéphané et avec d'élégants pendants aux oreilles. Traces de peinture.

Hauteur, 23 cent.

186 — Grande Grèce. — *Aphrodite Epitymbia*, nue, debout, appuyée sur la cippe funéraire, une draperie rejetée derrière la partie inférieure de son corps. Peinture blanche.

Hauteur, 25 cent.

187 — Grande Grèce. — *Aphrodite* nue, assise, coiffée du polos, les bras collés au corps. Peinture blanche.

Hauteur, 11 cent.

188 — Grande Grèce. — *Aphrodite* représentée de même.

Hauteur, 10 cent.

189 — Athènes. — *Eros* adolescent, nu, debout, les cheveux ceints d'une couronne, tenant une œnochoé et une phiale mésomphalos à godrons.

Hauteur, 14 1/2 cent.

190 — Le Pirée. — *Dionysus*, le haut du corps nu, couronné de fleurs, couché sur une cliné, au pied de laquelle est assise *Ariadne*, coiffée du polos, vêtue d'une tunique talaire et étroitement enveloppée dans son péplus.

Hauteur, 10 cent.

191 — Grande Grèce. — *Silène* ventru, nu, accroupi, chaussé de bottes et la tête couverte d'un bonnet. Cette figurine est percée d'un double trou pour la suspendre.

Hauteur, 5 1/2 cent.

192 — Naples. Groupe. — Les trois *Parques* debout, vêtues de longues tuniques avec ampéchonium, une stéphané et

un voile sur la tête; *Clotho* tient les fuseaux, *Atropos* les ciseaux, *Lachesis* des balances.

Hauteur, 9 cent.

Minervini, *Bullettino archeologico Napoletano*, t. V, pl. VI.

193 — Béotie. — *Muse* debout, vêtue d'une tunique talaire et enveloppée d'un grand péplus qu'elle écarte de la main droite. Peinture blanche, rouge sur les cheveux. Cette statuette a passé au feu du bûcher.

Hauteur, 20 cent.

194 — Grande Grèce. — *Nicé* ailée debout, vêtue d'une longue tunique et d'un péplus étroitement serré. Peinture blanche.

Hauteur, 20 cent.

195 — Corinthe. — *Léda* debout avec le cygne sur les genoux, les jambes entourées d'une draperie que de la main droite elle relève derrière elle au-dessus de son épaule. Restes de peinture blanche sur les chairs, bleue sur la draperie.

Hauteur, 11 cent.

196 — Athènes. — *Acteur* costumé en femme, avec une tunique talaire et un péplus, le visage couvert d'un masque tragique. Traces de peinture.

Hauteur, 8 cent.

197 — Le Pirée. — *Acteur* comique assis dans une attitude de tristesse; il est vêtu d'une tunique descendant seulement à la naissance des jambes et a sur le visage un masque à bouche énorme.

Hauteur, 13 cent.

197 *bis*. — Grande-Grèce. — *Acteur* dans un rôle de vieille femme, le visage couvert d'un masque comique, assis, ayant auprès un calathus. Peinture blanche.

Hauteur, 10 cent.

198 — Béotie. — *Danseuse* enveloppée d'un long voile qui tombe jusqu'à ses pieds et enveloppe le bas de son visage. Peinture blanche.

Hauteur, 19 cent.

199 — Béotie. — *Femme* debout, vêtue d'une tunique talaire, complètement enveloppée d'un grand voile qui tombe jusqu'à ses pieds et qu'elle ramène de la main droite sur le bas de son visage. Statuette brûlée.

Hauteur, 25 cent.

200 — Corinthe. — *Femme* debout, vêtue d'une tunique talaire, enveloppée dans un grand péplus. Peinture blanche. Cette figurine est, comme les deux suivantes, d'une finesse et d'une élégance exceptionnelles.

Hauteur, 22 cent.

201 — Athènes. — *Femme* debout, vêtue d'un tunique talaire, et enveloppée dans son péplus, la tête un peu penchée, la main droite appuyée sur la hanche. Restes de peinture blanche.

Hauteur, 19 cent.

202 — Athènes. — *Femme* debout, vêtue d'une tunique talaire, enveloppant ses bras et le haut de son corps dans un long voile posé sur sa tête. Peinture blanche.

Hauteur, 18 cent.

203 — Athènes. — *Femme* debout, vêtue d'une tunique et enveloppée dans un péplus étroitement serré, la main droite sur la hanche. Statuette brûlée.

Hauteur, 20 1/2 cent.

204 — Athènes. — *Femme* debout, vêtue d'une tunique talaire et enveloppée d'un ample péplus. Statuette brûlée.

Hauteur, 15 cent.

205 — Athènes. — *Femme* debout, vêtue d'une tunique talaire et enveloppée d'un grand voile posé sur sa tête, qui enveloppe ses bras et descend jusqu'aux genoux. Restes de peinture.

Hauteur, 8 cent.

206 — Grande Grèce. — *Femme* debout, vêtue d'une longue tunique et enveloppée complétement d'un grand voile, qui, posé sur la tête, descend presque jusqu'aux pieds; elle porte, sous son voile, la main à son collier. (*Eriphyle?*)

Hauteur, 19 cent.

207 — Grande Grèce. — *Femme* assise sur un rocher, les cheveux en nœud au-dessus de la tête, entièrement enveloppée d'un ample péplus sous lequel elle porte la main droite à son collier. (*Eriphyle?*)

Hauteur, 15 cent.

208 — Grande Grèce. — *Femme* debout, vêtue d'une tunique talaire, enveloppée d'un péplus étroitement serré, la main droite sur la hanche.

Hauteur, 19 cent.

209 — Grande Grèce. — *Femme* debout, vêtue d'une tunique talaire, enveloppée d'un long voile posé sur sa tête et descendant aux genoux; elle a la tête un peu penchée et sous le voile porte la main à son collier. (*Eriphyle?*)

Hauteur, 17 cent.

210 — Grande-Grèce. — *Femme* debout, vêtue d'une tunique talaire avec ampéchonium, le péplus tombant derrière les épaules; elle a la main gauche sur la hanche et le front ceint d'une couronne de fleurs.

Hauteur, 13 1/2 cent.

211 — Tarente. — Support de lampe. *Jeune fille* vêtue d'une tunique talaire avec ampéchonium serré à la taille par une ceinture, debout sur une base ronde et soutenant sur sa tête le plateau destiné à recevoir la lampe.

Hauteur, 25 cent.

212 — Athènes. — Poupée à jambes et à bras mobiles. *Aphrodite* nue, les cheveux enveloppés d'un cécryphale, tenant une patère de la main droite. Peinture blanche.

Hauteur, 15 cent.

13 — Tête d'*Héra* jeune, le front ceint d'une stéphané. Ce délicieux fragment provient de la Grande-Grèce, mais la pâte en est piquetée d'or comme celle des terres cuites de Sardes.

214 — Grande-Grèce. Tête d'*Athéné* coiffée du casque dit aulopis.

215 — Chypre. — Tête d'*Aphrodite Paphienne* avec de riches pendants d'oreilles et un voile surmonté d'un grand modius dentelé, que décorent des épis et des roses.

216 — Chypre. — Tête de l'*Aphrodite Paphienne* avec le voile et le modius.

217 — Chypre. — Tête de l'*Aphrodite Paphienne* avec le voile et le modius décoré de riches palmettes.

218 — Sardes. — Tête d'*Ariadne* diadémée, avec deux corymbes de lierre dans les cheveux.

Les terres cuites de Sardes, dont l'art rappelle l'école des sculpteurs du Mausolée, ne sont pas encore connues des amateurs. On en signale aujourd'hui les premiers échantillons qui s'en présentent en vente publique. Elles se reconnaissent à leur style et à cette circonstance toute particulière que la terre en est piquetée d'imperceptibles paillettes d'or à même la pâte, soit que ces paillettes y aient été introduites avec intention, soit plutôt qu'elles se trouvassent naturellement dans les argiles des alluvions du Pactole.

219 — Sardes. — Tête de *Silène* chauve, barbu, couronné de lierre. Offre une très-grande analogie de type et de style avec le bronze n° 144, qui provient également d'Asie-Mineure.

220 — Sardes. — Tête d'*Athéné* coiffée d'un casque à grande aigrette.

221 — Sardes. — Tête de *jeune femme* couronnée de fleurs, les cheveux tombant derrière le col, comme sur les monuments d'ancien style.

222 — Grande-Grèce. — Tête de *jeune femme* avec les cheveux relevés en nœud au sommet de la tête ; des pendants aux oreilles. Peinture blanche sur les chairs.

223 — Athènes, Chypre et Grande-Grèce. — Huit têtes de *femmes* variées, deux d'un style participant encore de l'archaïsme, une enveloppée d'un voile, une avec un petit chapeau plat, une d'*Aphrodite* avec le modius orné de palmettes, et une d'*Ariadne* couronnée de lierre.

Masques et appliques.

224 — Tégée. — Masque d'*Héra* jeune, le front orné de la stéphané.

Hauteur, 10 cent.

225 — Athènes. Style ancien. — Masque d'*Athéné Polias*, coiffée du polos sur lequel est posé un voile.

Hauteur, 12 cent.

226 — Athènes. Style ancien. — Masque d'*Athéné Polias*, coiffée du polos sur lequel est posé un voile.

Hauteur, 8 1/2 cent.

227 — Grande-Grèce. — Masque d'*Aphrodite* voilée. Peinture blanche sur les chairs, rouge sur les cheveux et le voile.

Hauteur, 19 cent.

228 — Athènes. — Masque de *Dionysus Pogon* couronné de lierre, une grosse grappe de raisin tombant de chaque côté du visage. Style de la plus belle époque. Provient du dessous de l'anse d'un grand vase.

Hauteur, 14 cent.

229 — Athènes. — Masque de *Dionysus Pogon.*

Hauteur, 12 1/2 cent.

230 — Grande-Grèce. — Masque de *Dionysus Pogon*, couronné de pampres avec des grappes. Vernis rouge.

Hauteur, 5 cent.

231 — Grande-Grèce. — Masque de *Silène* chauve. Vernis noir.

Hauteur, 5 cent.

232 — Milo. — Fragment d'applique. *Danseuse* jouant des crotales. Le buste est nu et peint en blanc, le bas du corps couvert d'une draperie jaune; sur les épaules, un péplus peint en rouge.

Hauteur, 8 1/2 cent.

233 — Athènes. — Applique. *Sphinx* ailé, de face, à tête de femme coiffée d'un bonnet, posé sur une acrotère.

Hauteur, 8 1/2 cent.

34 — Athènes. — Applique. Coq debout. Traces de peinture.

Hauteur, 9 cent.

235 — Grande-Grèce. — Médaillon rond d'applique. *Femme* nue, agenouillée sur un lit que recouvre une peau de lion, attirant à elle un *homme* également nu. Dans le fond, sur une base circulaire, statue de *Bacchus Pogon*, vêtu d'une longue tunique et d'un manteau, tenant le thyrse et le canthare. Même composition que dans un des fonds de pocula de Capoue.

Diamètre, 7 1/2 cent.

236 — Grande-Grèce. — Deux appliques. Masques grimaçants de la *Gorgone*.

237 — Grande-Grèce. — Deux appliques. Masques grimaçants de la *Gorgone*.

238 — Grande-Grèce. — Quatorze petites appliques :
Deux masques de *Satyres* barbus, à oreilles d'animal ;
Deux masques de *Gorgone*;
Huit palmettes de deux types différents;
Deux peltas.

239 — Grande-Grèce. — Petit médaillon rond d'applique. Tête de *Méduse* de face, entourée de serpents.

240 — Grande-Grèce. — Tessère. D'un côté, masque de *Silène* chauve, d'un fort relief; de l'autre, *Hercule* étouffant le lion de *Némée*, dans une couronne de laurier.

241 — Tarente. — Deux modèles de fibules en métal, décorées à leur partie plate d'un fleuron d'une très-grande élégance.

Lampes.

242 — Lampe sans poignée. *Ménade* avec la nébride sur les épaules, assise sur un mulet qui conduit un *Satyre* à oreilles de cheval, nu, tenant le thyrse. Dans le fond, un cep de vigne. Vernis rouge.

243 — Lampe sans poignée. *Persée* nu, la chlamyde jetée sur l'épaule gauche et tenant derrière lui la tête de *Méduse*, détache du rocher *Andromède*, entièrement vêtue.

244 — Lampe sans poignée. Le berger *Tityre*, barbu, vêtu d'une tunique succincte et d'une peau de bique jetée sur ses épaules, appuyé sur un bâton noueux, conduit ses moutons et ses chèvres au pied d'un arbre sur lequel est posée une colombe; à une branche est suspendu un sac en sparterie contenant un chevreau qui vient de naître. A côté, l'inscription TITVRVS. Vernis rouge.

245 — Lampe à poignée étroite percée d'un trou. Hippopotame broyant entre ses dents un crocodile; à ses pieds,

un autre crocodile. Autour, guirlande d'olivier. Sous le fond, la signature du potier estampée en creux : L. CAESAE.

246 — Lampe sans poignée. Homme et femme sur un lit; sujet obscène. Vernis brun.

247 — Lampe à poignée en anse, revêtue d'une couverte plombique de couleur verte. Deux hommes et deux femmes sur un lit placé sous une treille; sujet obscène.

248 — Lampe sans reliefs à poignée en anse, revêtue d'une couverte plombique de couleur verte.

---

249 — Lampe chrétienne à poignée étroite. Le poisson symbolique ou *Ichthys*. Ornements autour. Vernis rouge.

250 — Lampe chrétienne à poignée décorée d'un grand médaillon relevé. *Monogramme du Christ*, orné de perles, dans une couronne de feuillage. Sur le médaillon de la poignée, la *coupe eucharistique*.

251 — Lampe chrétienne à poignée étroite. Grand *monogramme du Christ*, cruciforme, gemmé, flanqué des lettres Aω. Ornements et feuillages autour. Vernis rouge.

252 — Lampe chrétienne à poignée étroite. Le *Christ* nimbé, assis sur un siége à dossier, au pied d'un palmier, élevant la main droite, adresse une prédication à trois *Apôtres* debout, nimbés. Fleurs et feuilles de lierre autour.

IVOIRE ET OS

253 — Poignard à lame de fer et poignée d'ivoire terminée par une virole de bronze retenant l'extrémité de la soie. La poignée représente un *Amour* enfantin, nu, accroupi, tenant une grande grappe de raisin. Provient de l'Italie méridionale.

Longueur totale, 43 cent.

254 — Os. — Masque de *Bacchante* couronnée de lierre. Travail lucanien.

Hauteur, 6 cent.

255 — Os. — Fragments provenant d'un meuble. Buste d'*Amour* enfantin d'un très-fort relief. Torse d'*Amour* tenant deux rameaux, et autres débris. Travail lucanien.

256 — Os. — Plaque représentant un *Génie* enfantin de la suite de Bacchus, nu, ayant une panthère à ses pieds.

Hauteur, 14 cent.

257 — Ivoire. — Phallus destiné à être suspendu au col.

258 — Petit couteau plié à lame de bronze ; manche d'os à tête et pied de panthère.

259 — Ivoire. — Deux petits manches d'instruments, terminés l'un en tête de lion, l'autre en tête de chien.

260 — Ivoire. — Épingle de tête surmontée d'un buste de femme.

261 — Os. — Tessère gladiatoriale de forme allongée. D'un côté, **LVPA**; de l'autre, XII.

262 — Ivoire. — Tessère théâtrale ronde. Tête d'homme grotesque et chauve. ℞. ΠΑΡΑ ΠΗ ΓΜΑ ; au-dessus, IIII; au-dessous, Δ.

263 — Lot de seize tessères, de matières et de formes différentes :

1. Os. — Dauphin, portant le chiffre III.
2. Os. — Oie plumée, portant le chiffre VIII.
3. Os. — Forme ronde. Masque de la lune. ℞. VI.
4. Os. — Forme ronde. Masque comique barbu, la bouche ouverte. ℞. VI.
5. Os. — Forme ronde. De chaque côté, la lettre M.
6. Terre cuite. — Forme ronde, avec le chiffre VIII.
7. Marbre. — Forme ronde, avec le chiffre XXV.
8. Bronze. — Tête d'Auguste à droite. ℞. XV.

Et autres variées.

Paris. — Typ. Pillet fils aîné, rue des Grands-Augustins, 5.

www.ingramcontent.com/pod-product-compliance
Ingram Content Group UK Ltd.
Pitfield, Milton Keynes, MK11 3LW, UK
UKHW021647260726
13994UKWH00003B/1324